Bestell-Nr. RKW 571

© 2008 by Reinhard Kawohl 46485 Wesel
Verlag für Jugend und Gemeinde
Alle Rechte für Bild und Text vorbehalten
Zusammenstellung und Gestaltung: RKW
Alle Fotos von Friedrich Strauss
Druck und Bindung: PROOST, Belgien

ISBN: 978-3-88087-571-5

Voller Dank
in ein neues Lebensjahr

Auf, mein Herz, preise den HERRN!
    HERR, mein Gott, wie groß du bist!
    In Hoheit und Pracht bist du gekleidet,
    in Licht gehüllt wie in einen Mantel.

Den Himmel spannst du aus wie ein Zeltdach.
    Droben über dem Himmelsozean
    hast du deine Wohnung gebaut.
    Du nimmst die Wolken als Wagen
    oder fliegst auf den Flügeln des Windes.
    Stürme sind deine Boten,
    und das Feuer ist dein Gehilfe.

Du lässt Quellen entspringen und zu Bächen werden;
    zwischen den Bergen suchen sie ihren Weg.

Vom Himmel schickst du den Regen auf die Berge
    und gibst der Erde reichlich zu trinken.
    Du lässt das Gras sprießen für das Vieh
    und lässt die Pflanzen wachsen,
    die der Mensch für sich anbaut,
    damit die Erde ihm Nahrung gibt:
    Der Wein macht ihn froh,
    das Öl macht ihn schön,
    das Brot macht ihn stark.

Du hast den Mond gemacht, um die Zeit zu teilen;
    die Sonne weiß, wann sie untergehen muss.

aus Psalm 104

HERR, was für Wunder hast du vollbracht!
    Alles hast du weise geordnet;
    die Erde ist voll
    von deinen Geschöpfen.

Alle deine Geschöpfe warten darauf,
    dass du ihnen Nahrung gibst
    zur rechten Zeit.
    Sie nehmen, was du ihnen ausstreust;
    du öffnest deine Hand,
    und sie alle werden satt.

Die Herrlichkeit des HERRN
    bleibe für immer bestehen;
    der HERR freue sich an allem,
    was er geschaffen hat!

Ich will dem HERRN singen
    mein Leben lang;
    meinen Gott will ich preisen,
    solange ich atme.

Ich möchte ihn erfreuen mit meinem Lied,
    denn ich selber freue mich über ihn.
    Auf, mein Herz, preise den HERRN!

Preist alle den HERRN - Halleluja!

*HERR, du durchschaust mich,
du kennst mich bis auf den Grund.*

*Ob ich sitze oder stehe, du weißt es,
du kennst meine Pläne von ferne.
Ob ich tätig bin oder ausruhe, du siehst mich;
jeder Schritt, den ich mache, ist dir bekannt.
Noch ehe ein Wort auf meine Zunge kommt,
hast du, HERR, es schon gehört.*

**Von allen Seiten umgibst du mich,
ich bin ganz in deiner Hand.**

*Dass du mich so durch und durch kennst,
das übersteigt meinen Verstand;
es ist mir zu hoch, ich kann es nicht fassen.*

*Du hast mich geschaffen mit Leib und Geist,
mich zusammengefügt im Schoß meiner Mutter.
Dafür danke ich dir, es erfüllt mich mit Ehrfurcht.*

**An mir selber erkenne ich:
Alle deine Taten sind Wunder!**

Mein Herz ist ruhig geworden, Gott,
ich fühle mich wieder sicher;
mit einem Lied will ich dich preisen.

Wach auf, mein Herz!
Harfe und Laute, wacht auf,
denn heute will ich die Sonne wecken!

Dir, HERR, bringe ich meinen Dank,
von dir will ich singen
vor allen Völkern;

aus Psalm 57

denn deine Güte reicht bis an den Himmel
und deine Treue, so weit die Wolken ziehen!

aus Psalm 8

HERR, unser Herrscher!
Groß ist dein Ruhm auf der ganzen Erde!

Deine Hoheit reicht höher als der Himmel.
Ich bestaune den Himmel,
das Werk deiner Hände,
den Mond und alle die Sterne,
die du geschaffen hast:

Wie klein ist da der Mensch,
wie gering und unbedeutend!
Und doch gibst du dich mit ihm ab
und kümmerst dich um ihn!
Ja, du hast ihm Macht und Würde verliehen;
es fehlt nicht viel, und er wäre wie du.

Du hast ihn zum Herrscher gemacht
über deine Geschöpfe,
alles hast du ihm unterstellt:
die Schafe, Ziegen und Rinder,
die Wildtiere in Feld und Wald,
die Vögel in der Luft
und die Fische im Wasser,
die kleinen und die großen,
alles, was die Meere durchzieht.

HERR, unser Herrscher,
groß ist dein Ruhm auf der ganzen Erde!

aus Psalm 92

*HERR, es macht Freude,
dir zu danken,*
> dich, den Höchsten,
> mit Liedern zu preisen,
> frühmorgens schon
> deine Güte zu rühmen
> und nachts noch deine
> Treue zu verkünden
> beim Klang der
> zehnsaitigen Harfe,
> zur Musik von Laute
> und Leier.

*Was du getan hast, HERR,
macht mich froh;*
> dein Eingreifen
> löst meinen Jubel aus.
> HERR, wie gewaltig sind
> deine Taten,
> wie unergründlich
> deine Gedanken!

*Du, HERR, hoch über allen,
du bleibst für alle Zeiten.*

Psalm 100

Jubelt dem HERRN zu, ihr Bewohner der Erde!
Stellt euch freudig in seinen Dienst!
Kommt zu ihm mit lautem Jauchzen!

Denkt daran: Der HERR allein ist Gott!
Er hat uns geschaffen, und ihm gehören wir.
Sein Volk sind wir, er sorgt für uns
wie ein Hirt für seine Herde.

Geht durch die Tempeltore mit einem Danklied,
betretet den Festplatz mit Lobgesang!

Preist ihn, dankt ihm für seine Taten!
Denn der HERR ist gut zu uns,
seine Liebe hört niemals auf,
von einer Generation zur anderen bleibt er treu.

Auf, mein Herz, preise den HERRN!
Alles in mir soll den heiligen Gott rühmen!

**Auf, mein Herz, preise den HERRN
und vergiss nie, was er für mich getan hat!**

Meine ganze Schuld hat er mir vergeben,
von aller Krankheit hat er mich geheilt,
dem Grab hat er mich entrissen,
hat mich mit Güte
und Erbarmen überschüttet.

Mit guten Gaben erhält er mein Leben;
täglich erneuert er meine Kraft,
und ich bleibe jung und stark wie ein Adler.

Der HERR greift ein mit heilvollen Taten,
Der HERR ist voll Liebe und Erbarmen,
voll Geduld und unendlicher Güte.

Preist den HERRN, ihr starken Engel,
die ihr ihm aufs Wort gehorcht
und seine Befehle ausführt!

Preist den HERRN, ihr mächtigen Diener,
die ihr seinen Willen vollstreckt!
Preist den HERRN, ihr Geschöpfe alle,
wo immer ihr lebt in seinem Reich!

aus Psalm 103

Ja, es ist gut, unserem Gott zu singen;
es macht Freude, ihn mit Liedern zu preisen!
    Er heilt alle, deren Herz zerrissen ist,
    und verbindet ihre Wunden.

    Stimmt ein Loblied an für den HERRN,
    singt unserem Gott zum Klang der Harfe!
    Er bedeckt den Himmel mit Wolken,
    schafft den Regen herbei für die Erde,
    lässt das Gras auf den Bergen wachsen.

    Er schafft Sicherheit in deinen Mauern,
    er segnet das Volk, das in dir wohnt.
    Glück und Frieden gibt er deinem Land,
    mit bestem Weizen macht er dich satt.

aus Psalm 136

Dankt dem HERRN, denn er ist gut zu uns!
    Seine Liebe hört niemals auf!
    Dankt ihm, dem allerhöchsten Gott!
    Seine Liebe hört niemals auf!

    Dankt ihm, dem mächtigsten aller Herren!
    Seine Liebe hört niemals auf!
    Er allein tut große Wunder.
    Seine Liebe hört niemals auf!

    Allen Geschöpfen gibt er zu essen.
    Seine Liebe hört niemals auf!
    Dankt ihm, dem Gott des Himmels!
    Seine Liebe hört niemals auf!

Du lässt mein Lebenslicht strahlen, HERR.
Du selbst, mein Gott,
machst mir das Dunkel hell.

Mit dir, mein Gott,
erstürme ich Schutzwälle,
mit dir springe ich über Mauern.

Wer in Gefahr ist und zu ihm flieht,
findet bei ihm immer sicheren Schutz.
Kein anderer als der HERR ist Gott!

aus Psalm 18

HERR, du bist mein Schutz und meine Hilfe,
du hältst mich mit deiner mächtigen Hand,
dass du mir nahe bist, macht mich stark.

Der HERR ist mein Hirt;
    darum leide ich keine Not.

    Er bringt mich auf saftige Weiden,
    lässt mich ruhen am frischen Wasser
    und gibt mir neue Kraft.

    Auf sicheren Wegen leitet er mich,
    dafür bürgt er mit seinem Namen.

    Und muss ich auch durchs finstere Tal -
    ich fürchte kein Unheil!
    Du, HERR, bist ja bei mir;
    du schützt mich und führst mich,
    das macht mir Mut.

    Vor den Augen meiner Feinde
    deckst du mir deinen Tisch;
    als Gast nimmst du mich bei dir auf
    und füllst mir den Becher randvoll.

*Deine Güte und Liebe umgeben mich
an jedem neuen Tag;*
    in deinem Haus darf ich nun bleiben
    mein Leben lang.

aus Psalm 63

Gott!
Du bist mein Gott, dich suche ich!
     Ich sehne mich nach dir
     mit Leib und Seele;
     ich dürste nach dir
     wie ausgedörrtes, wasserloses Land.

     Deine Liebe bedeutet mir mehr
     als das Leben,
     darum will ich dich preisen.

Mein Leben lang will ich dir danken
und dir meine Hände im Gebet
entgegenstrecken.

     Du machst mich satt und glücklich
     wie bei einem Festmahl;
     mit jubelnden Lippen preise ich dich.

     In nächtlichen Stunden, auf meinem Bett,
     gehen meine Gedanken zu dir,
     und betend sinne ich über dich nach.

     Ja, du hast mir geholfen, im Schutz
     deiner Flügel kann ich vor Freude singen.
     Ich halte mich ganz eng an dich,
     und du stützt mich
     mit deiner mächtigen Hand.

aus Psalm 148

Halleluja - Preist den HERRN!

Preist den HERRN, alle seine Geschöpfe,
preist ihn droben im Himmel!

Lobt ihn, alle seine Engel!
Lobt ihn, ihr himmlischen Mächte!
Lobt ihn, Sonne und Mond!
Lobt ihn, ihr leuchtenden Sterne!
Lobt ihn, ihr Weiten des Himmels
und ihr Gewässer über dem Himmelsgewölbe!

Sie alle sollen den HERRN rühmen,
denn sein Befehl rief sie ins Dasein.

Lobt ihn, ihr Männer und Frauen,
Alte und Junge miteinander!
Sie alle sollen den HERRN rühmen!
Denn sein Name allein ist groß;
der Glanz seiner Hoheit
strahlt über Erde und Himmel.

Halleluja - Preist den HERRN!
Rühmt Gott in seinem Heiligtum!

Lobt Gott, den Mächtigen im Himmel!
Lobt Gott, denn er tut Wunder,
seine Macht hat keine Grenzen!

Lobt Gott mit Hörnerschall,
lobt ihn mit Harfen und Lauten!

Lobt Gott mit Trommeln und Freudentanz,
mit Flöten und mit Saitenspiel!

Lobt Gott mit klingenden Zimbeln,
lobt ihn mit schallenden Becken!

Alles, was atmet,
soll den HERRN rühmen!
Preist den HERRN - Halleluja!

aus Psalm 16

Schütze mich, Gott! Ich vertraue dir.
Ich sage zu dir: »Du bist mein Herr.
Mein Glück finde ich allein bei dir!«

HERR, was ich brauche, du teilst es mir zu;
du hältst mein Los in der Hand.
Mir ist ein schöner Anteil zugefallen;
was du mir zugemessen hast, gefällt mir gut.

Ich preise den HERRN,
der mir sagt, was ich tun soll;
auch nachts erinnert mich mein Gewissen
an seinen Rat.

Er ist mir nahe,
das ist mir immer bewusst.
Er steht mir zur Seite,
ich fühle mich ganz sicher.
Darum bin ich voll Freude und Dank,
ich weiß mich beschützt und geborgen.

Du führst mich den Weg zum Leben.
In deiner Nähe finde ich ungetrübte Freude;
aus deiner Hand kommt mir ewiges Glück.

HERR, deine Güte reicht
   bis an den Himmel
   und deine Treue,
   so weit die Wolken ziehen!

   Deine Gerechtigkeit ragt hoch
   wie die ewigen Berge,
   deine Urteile gründen tief wie das Meer.

Du, HERR, hilfst Menschen und Tieren.

   Deine Liebe ist unvergleichlich.
   Du bist unser Gott,
   du breitest deine Flügel über uns
   und gibst uns Schutz.

**Du sättigst uns aus dem Reichtum
deines Hauses,**
   deine Güte erquickt uns
   wie frisches Wasser.

   Du selbst bist die Quelle,
   die uns Leben schenkt.
   Deine Liebe ist die Sonne,
   von der wir leben.

aus Psalm 36

Ein neues Lied hat er mir in den Mund gelegt,
    mit dem ich ihn preisen kann,
    ihn, unseren Gott.

    Viele sollen es hören und sehen;
    dann nehmen sie den HERRN wieder ernst
    und schenken ihm ihr Vertrauen.

    Wie glücklich ist,
    wer ganz auf den HERRN vertraut
    und sich an keine
    anderen Mächte bindet,
    die nur in die Irre führen.

    HERR, mein Gott!
    Du hast so viel für uns getan;
    niemand ist wie du!

    Deine Pläne,
    deine wunderbaren Taten -
    wenn ich sie
    alle aufzählen wollte,
    ich käme nie an ein Ende!

*Deine Taten wecken Freude und Jubel
überall, wo Menschen wohnen.*

> Du sorgst für das Land,
> du machst es reich und fruchtbar:
>
> So lässt du das Korn für die Menschen wachsen.
> Gott, deine Bäche sind immer voll Wasser;
> du feuchtest die Furchen
> und ebnest die Schollen,
> du tränkst die Felder mit Regengüssen
> und segnest, was auf ihnen sprießt.

*Mit guten Gaben krönst du das Jahr,
in deinen Spuren lässt du Überfluss zurück.*

> Die Steppe füllt sich mit üppigem Grün,
> die Hügel hallen wider von Freudenrufen.
> Die Weiden schmücken sich mit Herden,
> die Täler hüllen sich in wogendes Korn -
> alles ist voll Jubel und Gesang.

Mut machende Psalmworte
laden herzlich ein,
das neue Lebensjahr
mit Dankbarkeit zu begrüßen.

Sie lenken den Blick
weg von den Belastungen der Tage
hin zu dem, der seit Anbeginn
die Welt in seinen Händen hält
und auch uns begleitet.

Weitere Produktionen mit Psalm-Meditationen

Bildbände mit Texten von Johannes Hansen
Format 21 x 21 cm, je 64 Seiten, durchgehend bebildert

Nach dem Dunkel kommt ein neuer Morgen - Psalm-Meditationen - ISBN 978-3-88087-738-2
Der Klassiker von Johannes Hansen mit lebensnahen Psalm-Meditationen und sorgfältig ausgewählten Bildern. Lassen auch Sie sich wieder oder ganz neu auf den Grundton der Hoffnung einstimmen.

Dein Gast auf dieser Erde - Psalmen für schöne und schwere Tage - ISBN 978-3-88087-746-7
Temperamentvolle Psalm-Meditationen und inspirierende Bilder laden ein zum Lesen und Beten, Staunen und Genießen, Vortragen oder Zuhören.

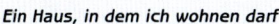

Ein Haus, in dem ich wohnen darf
Johannes Hansen zum dreiundzwanzigsten Psalm - ISBN 978-3-88087-747-4
Der Psalm 23 ist ein Urwort des Glaubens, ist voll beladen mit Kräften des Vertrauens. Er ist die Einladung Gottes, in seinem Haus zu wohnen und zu leben.

Unsere Verlagsproduktion umfasst Bücher, Foto-Poster, Kalender, Karten usw.
Fragen Sie nach Kawohl-Produkten oder fordern Sie Prospekte an.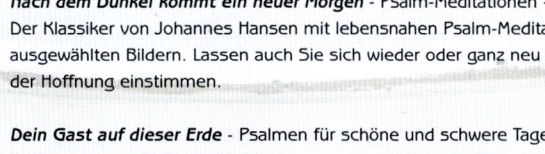